P. LEMÉE

INVENTAIRE DES PAPIERS

CONCERNANT

Le Prieuré de St-Cadreuc

EN PLOUBALAY

J. HAIZE

IMPRIMEUR-ÉDITEUR

Rue Jacques-Cartier SAINT-SERVAN, Ille-et-Vilaine

1920

INVENTAIRE DES PAPIERS

CONCERNANT

Le Prieuré de St-Cadreuc

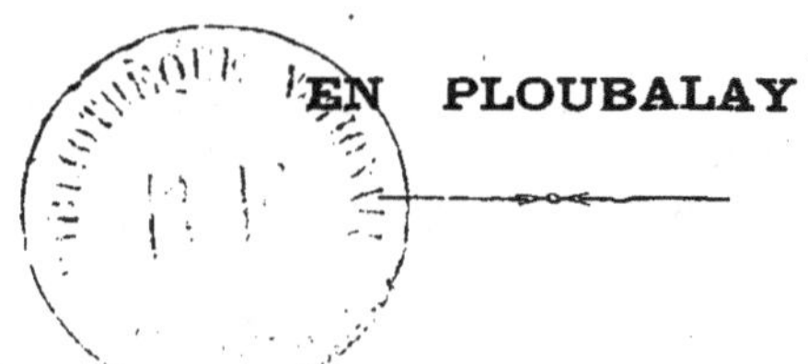

EN PLOUBALAY

M. l'abbé Le Masson a donné au public une histoire très complète de l'abbaye de Saint-Jacut. Nous y voyons qu'un certain nombre de prieurés d'inégale importance, dépendaient de ce monastère et l'un des plus anciens était celui de Saint-Cadreuc, en Ploubalay. Le hasard des dévolutions successorales a mis entre nos mains cet antique domaine et les titres de propriété très vénérables qui s'y réfèrent. Nous croirions manquer à notre devoir en ne fixant pas dans un bref aperçu l'histoire de ce modeste prieuré. Ce travail sera un complément, en quelque sorte, à l'étude si documentée de M. l'abbé Le Masson, et nous nous estimerons heureux si nous contribuons à sauver de l'oubli un vestige du passé de notre belle province. Nous aurons ainsi apporté notre humble pierre au beau monument que sont en train d'élever à la vieille France, les Sociétés locales d'Archéologie.

25 Octobre 1918.

CHAPITRE PREMIER

Il m'est resté dans l'esprit une claire et suave vision de
ce que dût être un prieuré d'autrefois. Est-ce le souvenir
obscur d'un primitif italien ou bien d'une fresque aux tons
pâlis de Puvis de Chavannes ? Je ne sais. Toujours est-il
que je vois, en fermant les yeux, baignée d'une lumière
douce et cristalline, une région mollement vallonnée où de
petits ruisseaux coulent entre des rangées de peupliers
dont le vent fait osciller et bruire les cimes jaunies... Des
bâtiments bas et trapus, très vieux, dont les cintres envi-
ronnés de briques rappellent l'origine romane, profilent
leur masse sombre sur le vert délicat des prés... Des cloî-
tres ouvrent leurs baies sur le paysage qui fuit en des
lointains bleuâtres... Une ligne azurée et plus claire, par-
semée de points blancs et lumineux qui sont autant de
voiles, ferme l'horizon... Et sous les voûtes, parmi les co-
lonnettes, sur les dalles d'ardoise et de marbre glissent,
silencieusement, des théories de moines vêtus de robes
blanches et de noirs scapulaires... Parfois des chants s'élè-
vent qui vont se perdre dans la plaine, emportés par bouf-
fées par le grand vent du large... De la tour enfin qui
s'érige en campanile tombent, dans le silence du soir, les
notes argentines de la cloche, dont le son s'épend longue-
ment dans la paix des campagnes et se confond en mourant
avec le bruit des flots déferlant sur les plages désertes...

Le prieuré de Saint-Cadreuc [1] situé dans la commune de
Ploubalay à 4 kilomètres du bourg et à 1.500 mètres de
celui du Plessis Balisson, [2] a-t-il répondu autrefois à

---

1. Dans les actes que nous possédons, l'orthographe la plus commune est Saint-Cadreuc ; mais on rencontre parfois la forme Saint-
Cadreux, qui doit être l'orthographe phonétique et fixe sur la pro-
nonciation.

2. Sur cette antique petite bourgade, curieuse à plus d'un titre (c'est,

l'idée que nous nous en faisions à l'avance ? Nous l'igno-
rons. Mais il nous apparut bien différent dans la réalité
quand, pour la première fois, il se dressa devant nous à
un détour de l'humble chemin vicinal qui conduit de Languenan à Saint-Jacut.

Il se compose d'un simple corps de logis rectangulaire
donnant, d'une part, sur un jardin d'agrément et, de l'autre, sur une cour intérieure bordée de bâtiments d'exploitation : écurie, remise, poulaillers, etc... La façade, aspec-
tée sur le jardin, orientée au midi, ne présente aucune
particularité ; celle qui donne sur la cour intérieure
s'adorne de quelques sculptures, ogives ou rinceaux taillés
dans le granit rose ; on peut y lire encore les deux inscrip-
tions suivantes : 16 (I.H J.) 79. — O' MURPHY 1810. Une
troisième plus ancienne, difficile à déchiffrer et dont la date
paraît être 1533 précisait sans doute l'âge des bâtiments
primitifs. Des constructions plus anciennes ont en effet
très certainement précédé celles que l'on voit aujourd'hui ;
à l'extrémité ouest, à l'endroit où se trouve actuellement
la remise, devait s'élever l'ancienne chapelle. Deux magni-
fiques chênes dont l'un mesure 4 m. 50 de tour à un mètre
du sol, forment à cet endroit comme un pourpris et mar-
quent, selon nous, l'entrée du sanctuaire disparu. L'Eglise
se plaisait à faire précéder ses temples de quelque verdure
et les « bannies » qui avaient lieu à l'entrée, à l'ombre par
conséquent des arbres ainsi disposés, n'ont peut-être pas
été étrangères à cette coutume Ces deux vénérables géants
datent de plusieurs centaines d'années, au dire des gens
experts à déchiffrer l'énigme des troncs.

La simplicité de l'intérieur répond à la modestie des
dehors : deux pièces au rez-de-chaussée, salle et cuisine,
trois chambres au premier, un grenier au dessus et c'est
tout. Rien de tout cela n'est digne de remarque, si ce

---

la plus petite commune de France comme territoire : 17 hectares et elle
est toute entière enclavée dans la commune de Ploubalay, comme le
département de la Seine dans celui de Seine-et-Oise), on lira avec intérêt
l'étude si documentée que lui a consacré M\.l'abbé Le Masson. (Annales
de la Société d'Archéologie de Saint-Malo, 1912 et 1913).

n'est peut-être, dans la cuisine, un fourneau d'attache en pierre, aux ouvertures ogivales, qui paraît fort ancien.

Logis bien simple au surplus, mais qui, dans le calme et la paix des champs, respire cet ordre et ce confortable à peu de frais qui caractérisaient la maison de campagne d'autrefois. Avec les communs : cellier, bûcher, caveau, etc... rien ne manque de ce qui rend la vie facile : avec les bâtiments annexes : écurie, remise, poulaillers, rien ne fait défaut de ce qui la rend agréable. Un jardin devant, allant jusqu'au chemin du Pont-Cornou, coquettement dessiné et joli encore dans son abandon — un potager derrière descendant jusqu'à la ferme, un peu plus grand, serti d'un ruisseau qui murmure et planté de quenouilles peut-être centenaires attestant l'opulence d'autrefois. Comme il devait faire bon vivre là, jadis, sous la Restauration, par exemple, quand les nouvelles de Paris étaient apportées avec 48 heures de date, par malle-poste, à Dinan ou à Plancoët. et qu'on allait les quérir dans un cabriolet haut sur roues, peinturluré de couleurs claires... Combien ont soupiré après cette tranquillité dans les heures angoissantes et troublées que nous venons de traverser, et combien se sont pris à redire avec le poëte, à la vue des campagnes ensoleillées et paisibles :

> O trop heureux laboureurs....
> *O fortunatos nimium sua si bona norint, agricolas.*

Les bâtiments de la métairie, qui donnent sur la route de Languenan, sont insignifiants. La contenance de la ferme (23 hectares environ) en fait une terre de moyenne importance pour le pays, Nous donnons ici les noms [1] des pièces de terre qui la composent ; la plupart doivent être très anciens et peuvent quelquefois donner une indication précieuse pour l'archéologue ou le généalogiste : L'avenue, le petit pré de l'avenue, la Levée, les Jardins, le Courtil aux Mouches, la *Ville à Lesné*, la Noé, les petits et les grands

---

1. Les noms en italique sont ceux des pièces mentionnées dans l'aveu de 1608. — Le Grand Clos doit être le Clos de l'Etang ; le Clos de la Fontaine, celui de Cancale où se trouve la fontaine de ce nom.

Bréjeons, la *Ville Belay*, le *Pré des Villes*, le *Clos Renaud*, le *Clos Olémur*, le *Grand Clos*, les Neuf Sillons, le Clos des Poiriers, la *Brise-Barre*, le *Clos de Cancale*, le *Clos Masson*, la *Ville-ès-Guérin*, les Airettes, les Ecouailles, le Domaine, le *Courtil-Chopin*, le Clos Neuf, les *Rochettes*, les *Fourneaux*, les Raizes.

Le village de Saint-Cadreuc est situé presque en face la ferme, de l'autre côté de la route. Il se compose de trois ou quatre feux seulement aujourd'hui. Les maisons qui le forment ne présentent aucune particularité.

Enfin, du même côté que ce village, à une centaine de mètres peut-être, dans la direction de Saint-Jacut, sur le bord de la route, s'élève la chapelle de Saint-Cadreuc, encore affectée au culte, mais dédiée, on ne sait trop pourquoi, à saint Joseph. Elle a été édifiée, il y a une cinquantaine d'années, au moment où l'on dut abandonner celle de la Coudraye, grâce à la générosité des habitants du voisinage et à la libéralité des demoiselles O'Murphy, qui donnèrent le terrain sur lequel elle s'élève. Entourée d'un rideau de sapins, elle se compose d'une simple nef de 12 ou 15 mètres de long, sur 5 mètres de large ; quatre fenêtres l'éclairent de chaque côté, l'autel est appuyé à l'extrémité orientée au levant. Elle n'offre rien de remarquable et ne parait avoir hérité d'aucun vestige de l'ancienne chapelle, si ce n'est peut-être du modeste bénitier de pierre, qui repose à même le sol à l'entrée du sanctuaire.

Peut-être y voyait-on autrefois, une statue en bois [1] sculpté haute de 0 m. 60 environ, et réputée dans le village pour être celle de saint Cadreuc. Evidée dans un seul bloc de chêne, elle représente un moine grand et fort, à la tête demeurée énergique malgré la mutilation du temps. Il porte la large tonsure monacale et la robe tombante, sans

------

1. Œuvre d'un artiste local sans doute ou peut-être d'un des « maitres-sculpteurs » de Tréguier qui ornèrent la plupart des églises des Côtes-du-Nord (Anat. de Barthelemy. — Revue nobiliaire, 1880). Nous l'avons retirée du grenier où les vers achevaient de la ronger et lui avons ménagé dans notre intérieur une place plus honorable.

cordelière, avec un large capuchon, descendant bas sur le dos. La main droite a disparu ; la gauche tient un livre à gros fermoirs, qui semble indiquer que Cadreuc, si c'est lui, ignorant et grossier d'abord, avait au monastère dégrossi tout ensemble et son intelligence et son cœur. Cette statue avait été peinte anciennement, mais l'enduit étant tombé, à peine pouvons-nous avancer que la robe dont elle est revêtue était noire. Au demeurant, l'œuvre nous parait dater de la fin du XVIe ou du début du XVIIe siècle. Si c'est l'effigie de saint Cadreuc, c'est peut-être la seule qui demeure d'un saint très obscur pour les uns, très célèbre en Bretagne pour les autres.

CHAPITRE II

Le Saint et son Culte. — Origines du Prieuré

Il faudrait ici, en effet, prendre parti et décider d'une question qui divise encore les hagiographes. Saint Cado, saint Caradoc, saint Caradec, saint Caradeuc, saint Cadreuc, [1] étaient-ils un seul et même personnage, invoqué sous des noms un tant soit peu différents ? Exercèrent-ils au contraire des apostolats distincts ?

Nous nous contenterons, dans cette grave controverse, de nous mettre à l'abri derrière l'autorité de M. de La Borderie, qui voit dans saint Cadreuc un personnage absolument distinct de saint Caradec.

Quoi qu'il en soit, disons en quelques lignes ce qu'était le

---

1. D'après M. Loth, il y aurait eu trois personnages différents : saint Cado ou Cato, saint Cadroc ou Cadreuc et saint Caradec (J. Loth : Les noms des Saints bretons, p. 17 et suivantes).

saint : deux récits de sa vie, légèrement différents, nous ont été conservés : l'un remonte au XIIe siècle, l'autre a été transcrit par Dom Noël Mars, l'historiographe de saint Jacut à la fin du XVIIIe siècle.

D'après le premier de ces textes, simple passeur sur l'Arguenon, Cadreuc menait dans l'ivrognerie et l'inconduite une vie fort peu édifiante. Un soir d'orage, un voyageur attardé frappe à la cabane où notre homme cuvait noblement son vin. Cadreuc ouvre en maugréant et bougonne encore bien davantage, quand le pèlerin lui expose qu'il lui faut le passer « pour l'amour de Dieu », car il n'a pas un liard en poche et ne veut pas manquer pourtant sa visite aux reliques des saints Jacut et Guétheneuc. Quel orateur devait être ce voyageur, puisque Cadreuc se laissa prendre à sa dialectique et décida de le passer gratis ? Cependant l'orage avait éclaté dans toute sa violence et malgré son expérience, sa hardiesse, son énergie, Cadreuc vit le moment où il allait échouer dans sa tâche. Mais breton, donc têtu. dans un dernier sursaut, se roidissant dans un effort suprême, le passeur réussit à jeter le pèlerin sur la rive. Puis, son frêle esquif, poussé par le vent, drossé par le courant, est vivement rejeté vers son point de départ, et Cadreuc regagne sa cabane où de fatigue il tombe demi-mort. Demi ? Non point, dit la chronique naïve, mais mort tout à fait et les diables en cohortes, guidés par les vices qu'avait ici-bas cultivé Cadreuc, eurent tôt fait d'appréhender son âme et de la diriger vers l'éternelle géhenne. Déjà il sent la puanteur du lieu et l'ardeur des flammes quand, tout rayonnant de gloire, les deux saints Jacut et Guétheneuc, émus de l'acte charitable du passeur, obtiennent de Dieu un sursis pour son âme, afin que, réintégrée en sa mortelle enveloppe, elle ait le temps de se reconnaître et de faire pénitence. Cadreuc n'eut garde de faillir cette fois à une grâce si éclatante et sa vie fut telle désormais qu'elle mérita de servir de modèle aux générations qui suivirent.

Tel du moins nous apparaît Cadreux dans le récit que nous suivons d'après M. de La Borderie. A vrai dire, il ne semble pas aussi « sacripant » dans le récit de dom Noël

Mars. [1] Celui-ci en fait un contemporain des saints Jacut et Guétheneuc (et non plus un converti *a posteriori* par ces saints) qui avait la « louable coustume » de passer « gratuitement » les indigents. Un jour cependant il tenta d'extorquer son salaire d'un pauvre misérable. Mais une horrible tempête survient, puis le diable s'en mêle ; il torture et fait mourir non le passeur, mais le pélerin ! Le premier cependant ne laissa pas que d'être surpris par l'étrangeté des événements. Aussi, quand au matin Jacut et Guétheneuc, après avoir blâmé l'avarice de Cadreuc, ressúscitèrent devant lui le pèlerin, leur semonce et leur miracle ne firent guère qu'achever un travail de conversion déjà fort avancé. Cadreuc peu après se soumit à la discipline et à la conduite des deux frères

Bien que présentant des variantes importantes, ces deux récits concordent en somme dans leurs grandes lignes. Grâce à eux, nous pouvons situer le lieu où vivait Cadreuc, sa cabane s'élevait sur la rive gauche de l'Arguenon dans le territoire de l'ancienne commune de Saint-Potan, accordé à celle de N.-D. du Guildo. La scène que nous racontent les légendes se déroula sans nul doute dans le cadre poétique que domine aujourd'hui les ruines du château de Gilles de Bretagne. Là seulement, l'Arguenon présente une largeur suffisante pour mériter les honneurs d'un passage en barque, là seulement, à la marée montante, a pu s'exercer dans une ampleur suffisante l'assaut furieux des vagues grossies par l'impétueuse violence des vents.

Mais s'il est possible de préciser le cadre où se déroulèrent les événements, il est plus délicat d'indiquer la date à laquelle ils s'accomplirent.

Pour notre part, nous sommes assez portés à nous rallier au texte commenté par M. de La Borderie. Cadreuc n'aurait donc pas été contemporain de saint Jacut : il eut été simplement converti par l'intercession du saint, déjà

---

1. C'est également cette seconde version que l'on rencontre dans la vie de saint Jacut, publiée par le P. Albert Le Grand. de Morlaix (Édition de 1680. Rennes, Vatar).

vénéré sur les autels. Mais nous n'en sommes pas pour cela beaucoup plus avancé. Saint Jacut mourut, semble-t-il, dans la première moitié du VI° siècle. La vie de saint Cadreuc eût donc pu se dérouler dès la seconde moitié de ce même siècle. Mais rien entre l'an 600 et l'an 1163, date à laquelle nous trouvons une mention du prieuré de Saint-Cadreuc, ne permet de situer l'existence du saint. Rien ne vient percer la nuit obscure qui environne l'origine de la fondation. [1] En souvenir de quel événement ce prieuré a-t-il été placé sous le vocable de saint Cadreuc ? Quel homme généreux fit la donation initiale ? Quelle était son importance ? A quelle époque précise intervint-elle ? Autant de questions auxquelles nous sommes dans l'impossibilité de répondre dans l'état actuel de nos connaissances. [2]

Qu'est-ce donc que ce texte de l'an 1163, auquel nous faisions allusion à l'instant ? Va-t-il du moins, déjà impressionnant par son âge, nous être précieux par sa documentation ? Hélas ! c'est une ligne, une simple ligne d'une bulle du Pape Alexandre III, mentionnant une église de Saint-Cado, dans les biens relevant de l'Abbaye de Saint-Jacut. Cette « église » serait, au dire de dom Noël Mars, notre prieuré, et il y a de grandes chances que cette assertion soit exacte. La bulle énumère les autres prieurés, sauf trois d'origine postérieure, et dom Noël Mars devait être à même de vérifier le bien-fondé de l'énumération. Mais en dehors de l'existence d'un sanctuaire dédié à saint Cadreuc et dépendant de l'abbaye, le texte ne nous apprend rien. Il

---

1. Nous ne savons pas davantage à quelle date Cadreuc fut canonisé, s'il le fut, ni quel jour tombait sa fête. Un calendrier gallois, conservé au British Museum, mentionne le 24 janvier saint Cadoci, confesseur — et au 23 avril, un saint Cradoci, confesseur et moine, que dans une note M. l'abbé Duine appelle saint Caradoc ?? (Abbé Duine : Les Saints de Domnonnée, p. 43).

2. Le culte de saint Cadreuc s'était étendu cependant au-delà de la vallée de l'Arguenon. En 1260, Rolland de Dinan donne à l'abbaye de Sainte-Marie de Boquen, la grange et les vignes de « Sancto Coaduco » (Mme de La Motte-Rouge, Dinan et ses Juveigneurs, p. 60).

faut prendre parti de ce silence et attendre patiemment. [1]
En 1378, nous révèle dom Noël Mars, un frère Olivier
Péan [2] (ou Paian) était prieur du prieuré de Saint-Cadreuc.
Il fut ensuite procureur puis abbé de l'abbaye de Saint-
Jacut et aurait été enterré dans l'église de l'Abbaye, du
côté de la Chapelle de la Vierge. Sur la dalle funéraire,
figure l'abbé, crossé et mitré, son blason aux pieds C'était
bien le moins qu'on put faire pour un abbé qui avait assisté
aux Etats de Bretagne, fait fondre une cloche et ciseler
une crosse pour son monastère.

De cette brève mention de Noël Mars, nous pouvons in-
férer que dès cette époque, le prieur de Saint-Cadreuc ne
résidait plus au prieuré qui, par conséquent, a du être peu
de temps habité effectivement par les moines, s'il l'a ja-
mais été.

Après la mention de Noël Mars, citant Olivier Péan,
comme prieur de Saint-Cadreuc en 1378, c'est de nouveau
la nuit complète sur notre prieuré jusqu'en 1533, date du
premier de nos documents. Pourtant, pour être complet, il
nous faut rapporter que dans un « minu » de Pierre Marec
(seigneur du Plessix-Balisson), du 18 juillet 1527, figure
comme noble « Olivier Josselin » de Saint-Cadreuc. Il est
du reste cité à nouveau dans un autre acte de 1538 et nom-
mé « sieur de Saint-Cadreuc ». Qui était cet « Olivier Josselin », nous n'avons aucune donnée à ce sujet ; mais il
révèle l'existence d'une maison noble à Saint-Cadreuc.

---

1. Dans une charte de 1339, citée par Dom Morice, le Duc Jean III
fait défense aux juges de Penthièvre de connaitre les affaires de Saint-
Jacut et se plaint que le sénéchal de La Roche-Derrien a justicié le
prieur et les hommes du prieuré de *Liscadreuc*. (St Cadreuc ! !)

2. Une pièce de terre citée dans les abornements de l'aveu de Saint-
Cadreuc en 1608, se nomme le « Courtil-Péan ».

CHAPITRE III

Le Prieuré de St-Cadreuc de 1533 à 1608

D'après nos documents, depuis longtemps déjà à cette époque, le prieuré de Saint-Cadreuc n'était plus qu'un " bénéfice " dont le roi gratifiait un moine de l'abbaye de Saint-Jacut ou tout au moins un religieux de l'ordre de Saint-Benoit. [1]

C'était donc des laïques qui occupaient effectivement le prieuré et il semble bien que la division actuelle des immeubles en ferme et retenue existait déjà. Il y avait d'un côté une maison noble (sans doute l'ancienne habitation claustrale) habitée le plus souvent par le fermier général du prieuré et de l'autre des bâtiments d'exploitation occupés par les métayers. Tandis que ceux-ci étaient d'humbles laboureurs, le fermier général était une manière personnage, parfois de famille noble, parfois homme d'église, qui achetait en réalité au bénéficiaire du prieuré le droit d'en percevoir les fruits et les dixmes. Le forfait annuel qu'il payait était la rente du prieur et la différence entre cette rente et les produits en nature ou en argent de la métairie et des dixmes était le bénéfice du fermier général.

Les papiers dont nous sommes détenteurs embrassent une période qui s'étend de François Ier au Premier Empire

---

1. « On comprend facilement dès lors comment les Bénédictins de Soissons durent s'empresser de fonder un prieuré sur ce domaine, avec une église dédiée à la Ste Vierge, comme leur basilique célèbre, car les prieurés dans l'origine n'étaient souvent que des grandes exploitations rurales, établies ainsi sur des terres trop éloignées de l'abbaye. On y entretenait au moins trois moines chargés de la colonie agricole et du soin pastoral : le chef avait le titre de prieur ou prévot Telle a été l'origine d'une grande partie de nos bourgs actuels. » (Histoire de St-Calais par l'abbé Salban. Le Mans 1850 p. 53).

(1533-1804). Pour la clarté de l'exposition, nous analyserons d'abord ceux qui vont de 1533 à 1608, date à laquelle nous interromperons notre exposé pour donner in-extenso le texte d'un aveu capital pour l'histoire du prieuré et intéressant pour l'histoire locale de la région.

Ces premiers documents, au nombre d'une quinzaine, sont, pour la plupart, des baux passés par le prieur de St.-Cadreuc au fermier général (appelé sous-fermier dans les textes) et par celui-ci à divers métayers ou laboureurs qui prenaient à ferme les traits de dixmes ou les terres de la métairie. En voici la liste et une analyse qui sera parfois très succincte, ces pièces étant souvent très difficilement lisibles.

1° Du 24 Octobre 1533. — Bail par Yves Gouyon, Prieur de Saint-Cadreuc à François Bachelier et Yves Anonde, dudit lieu et prieuré de Saint-Cadreuc, à l'exception de la salle, d'une étable à chevaux et du colómbier...

2° Du 27 Juin 1563. — Bail par Gilles Lavocat [1] sieur de la Jehannaie et don Yves Bachelier, de la paroisse de Tremereuc, sous-fermier du prieuré de St.-Cadreuc, à Yvon Huet et Jeanne Anonde, sa femme, du trait de dixme [2] dit le denier de Trebefour, en la paroisse de Pleslin...

3° Du 23 Mars 1572. — Bail par Gilles Lavocat [1] fermier du prieuré de Saint-Cadreuc à Guillaume Bachelier et Jeanne Lamertus, sa femme, de la dixme de Trémereuc...

4° Du 2 Novembre 1576. — Bail par Guy Desnos, Prieur de Saint-Sauveur (de Dinan), et de Saint-Cadreuc à Jean Huet et Gillette Levaut, sa femme, de la métairie de Saint-Cradeuc.

---

1. La famille des Lavocat ou Ladvocat portait d'azur à la bande dentelée d'argent accostée de 3 coquilles d'or, 2 et 1. Elle possédait la terre et fief de la Crochais (Abbé Le Masson, Chatellenie du Plessix-Balisson).

2. Nous appelons traict de dixme, un canton ou territoire dans l'étendue duquel on dixme. Chaque paroisse contient plusieurs traicts. (Hévin. Arrêts du Parlement de Bretagne publiés par Frain 1684 p. 14).

5° Des 8 Décembre 1575 et 27 Septembre 1579. — Bail par Guy Desnos, Prieur de Saint-Sauveur et de Saint-Cadreuc à Noble homme Guillaume Lavocat, des dixmes de Tremereuc et de Pleurtuit...

6 Du 10 Juillet 1584. — Bail par don François Bachelier, sous-fermier du prieuré de Saint-Cadreuc à   de la dixme de Langrolay.

7° Du 10 Avril 1589. — (*sur parchemin*) Aveu de tenure rendu par Olivier Arhel [1] à Guy Desnos, Prieur de Saint-Sauveur de Dinan et de Saint-Cadreuc pour des maisons et des terres situées au village de Saint-Cadreuc.

8° Du 5 Octobre 1591. — Bail par Guy Desnos, Prieur de Saint-Sauveur de Dinan et de Saint-Cadreuc à Gilles Cochin, de Saint-Denoual, de la métairie de Saint-Cadreuc.

9° Du 2 Octobre 1596. — Bail par Jean Guillemot, sieur de Largentaye, au nom de François Guillemot, prieur de Saint-Cadreuc à Jean Deguel, de la Noue en Ploubalay, de la ferme et dixme de Saint-Cadreuc.

10° Du 2 Juillet 1598. — Bail concernant la terre du Pont-Cornou en Ploubalay, faisant mention d'une rente dûe au Prieuré de Saint-Cadreuc.

11° Du 20 Octobre 1598. — Mesurage et prisage des terres de Brisebarre, [2] dépendant du prieuré de Saint-Cadreuc.

12° Du 14 Février 1604. — Accord entre Julien Lefeuvre prieur de Saint-Cadreuc et les héritiers Guyot, au sujet de la renta dûe au prieuré par deux pièces de terre « Le Champ au Lièvre » et le « Clos et la lande ès Lorenz ».

13° Du 29 Mai 1604. — Aveu de tenure rendu par Allain Desnos à Julien Lefeuvre, prieur de Saint-Cadreuc, pour la métairie de Brisebarre.

---

1. Au combat des Trente (1350) figure du côté breton Olivier Arhel (Cf. Pitre-Chevalier : la Bretagne ancienne et moderne p. 366). Celui-ci est-il de la même famille ? Un aveu rendu pour le Plessix-Balisson par Pierre Marec en 1538 mentionne également un Olivier Arhel.

2. La Brisebarre était une tenure très ancienne dont les bâtiments ne disparurent complètement qu'assez tardivement. Dans une « montre » de Jehan de Beaumanoir en 1356, figure une « Brisebaire » écuyer (orthographié Brisebarre, à la table) Dom Lobineau 1707. T. II p. 495.

14° Du 20 Avril 1608. — Bail par Julien Lefeuvre, prieur de Saint-Cadreuc, à Jean Gahary, de la terre et maison de Saint-Cadreuc (fors la Chambre haulte et le grenier dessus).

CHAPITRE IV

Le Prieuré de Saint-Cadreuc d'après l'aveude 1608

Bien que la copie de l'acte que nous rencontrons ici ne contienne pas le texte intégral de l'aveu, les extraits qu'elle renferme permettent de se rendre compte assez exactement de ce qu'était au début du XVIIeme siècle le petit prieuré bénédictin dont nous retraçons l'histoire. L'aveu mentionne successivement : le domaine primitif, les extensions, les justices, les rentes censives, les dîmes, les aliénations du temporel du prieuré au profit du roi. C'est pourquoi nous avons jugé préférable de le publier en entier.

16° Du 7 Novembre 1608. — Aveu pour le Prieuré de Saint-Cadreuc.

EXTRAIT DES REGISTRES

DE LA CHAMBRE DES COMPTES DE BRETAGNE

Veu par la Chambre, la requestre présentée par don Francoys Lorin, prestre, religieux profais de l'ordre de St-Benoît, prieur du prieuré de Saint-Cadreuc, membre dépendant de l'Abbaye de Saint-Jagu, contenant que pour les soutien, déffense et conservation des droits dud. prieuré il a besoin d'avoir copie par extrait de l'adveu du temporel dud. prieuré étant aux archives de lad. Chambre, coté en l'inventaire des adveus de Rennes 345, à ces causes requiérait qu'il plaise à lad. Chambre luy en ordonner la délivran⁻

ce et pour le faire et collationner, commettre l'un des conseillers secrétaires et auditeurs ; tout considéré, la Chambre a ordonné que l'extrait requis sera fait et collationné par M René Guillermo, Cons. secrétaire et auditeur pour iceluy communiquer au Procureur Général du Roy et remis sur le bureau ; estre ordonné de la délivrance ainsi qu'il appartiendra. Fait en la Chambre des Comptes à Nantes, le vingtième May mil six cent quatre vingt treize.

M. G. BEDEAU, FLFURY, CONNONNE. [1]

La Chambre a ordonné et ordonne la délivrance du présent extrait contenant 24 rolles cotés et paraphés à la charge de ne. s'en servir contre le Roi. Fait à la Chambre des Comptes à Nantes ce 23 Mai 1693.

J. M. BECDELIÈVRE.   Guill. BEDEAU.

Procédant aux extraits par nous René Guillermot, Conseiller du Roy, secrétaire et auditeur en la Chambre des Comptés de Bretagne. suivant et en vertu de notre commission cy attachée rendue sur la requête présenté par dom François Lorin, prieur du prieuré de Saint-Cadreuc, en date du 20 May 1693.

Nous a été par Me François Denis, garde des livres et papiers de ladite Chambre représenté un adveu du prieuré de Saint-Cadreuc soubs la juridiction de Rennes, rendu par noble et discret Julien Le Feubvre. religieux, cotté dans l'inventaire des adveus de la dite juridiction MXLV duquel adveu la teneur en suit :

Sachent tous que en notre court de Nantes par devant nous soubssignés, notaires d'icelle, tabellions et garde-note du numbre des 46 y establis.

En droit, comparu en personne noble et discret frère Julien Le Feubvre, bachelier en théologie, religieux profeix de

---

1. Et sur le revers, il est écrit .

« Certifié à la note hhh par nous soussigné, greffier du Plessis-Balisson après le décès de M. Mathieu Le Maignan, recteur de Ploubalay, le 12 décembre 1727. »

l'abbaye de Saint-Jagu, au diocèse de Dol, ordre de Saint Benoît prieur claustral d'icelle et y résident prieur du prieuré de Saint-Cadreuc, membre dépendant de ladite abbaye situé soubs et au dedans la juridiction du siège présidial de Rennes, lequel a été connaissant et confessant et par ces présentes connoist et confesse et advoue *tenir prochainement du Roy notre sire* en sa dicte juridiction du dict siège présidial de Rennes le prieuré de Saint-Cadreuc s'étendant aux maisons et choses cy après déclarées :

PREMIER

La Chapelle, maison prieurale, salle, cuisine, chambres et écuries du dit prieuré, cours et jardins dans lesquels il y a un *Coulombier* et *deux viviers*, [1] le tout s'entretenant ensemble deux journaux de terre situé en la paroisse de Ploubalay, evesché de Saint-Malo joignant d'une part au chèmin conduisant de Launay-Commatz [2] à la Boistardais, de deux parts au chemin conduisant du Plessix-Balisson à la Couldrays et d'autre au chemin qui conduit du Bois Bellay au Pont Cornou.

Item domaine du dit Saint-Cadreuc appelé le *Grand Clos de l'Etang*, au bas du quel il y a un pré, le tout contenant six journaux de terre joignant d'une part au dit chemin servant à aller du Bois Bellay au Pont Cornou, du dit chemin conduisant de Launay-Commatz à La Boistardays et de deux parts terre de lad. Boistardays.

Item autre pièce de terre appelée le *clos au prieur* contenant trois journaux, joignant d'une part au chemin conduisant du dit prieuré aux moulins du Plessis-Balisson, de deux parts terre du sieur Couaura et d'autre terre du sieur de la Martinays.

---

1. Tout vestige de ces splendeurs a disparu ! ! Les rivières et l'étang devaient être alimentés par le ruisseau fluant emmi les jardins... La prétence du Colombier dénote l'existence d'un domaine féodal important car aux termes de l'article 389 de la Coutume de Bretagne, seuls les possesseurs de 300 journaux de terre y avaient droit.

2. Cette terre importante appartenait à une vieille famille qui en portait le nom.

Item. — *Le clos des Rues* contenant environ un journal joignantd'un côté au chemin conduisant de Lisnoble à la Poulitays, d'autre terre du sieur du dit Lisnoble et d'autre terre Louys Guineu.

Item. — Une petite pièce de terre appelée *les Fourneaux*, contenant demi-journal, joignant d'un côté au dit chemin qui conduit de Launay-Commatz à la Boistardays, d'autre terre du dit sieur de Launay, d'autre terre à *Olivier Josselin*.

Et sont les susdites héritaiges de tout temps du dit prieuré, mais ceux qui ensuivent estaient des fiefs d'iceluy et maintenant réunis avec ceux du dit prieuré.

Premier

Une pièce de terre appelée la *Ville à Lesné*, contenant troys journaux, d'une part au dit chemin conduisant de Launay-Commatz à la Boistardays, d'autre part autre pré dit chemin qni sert à aller du Plessix-Balizon à la Couldrays et des deux parts terre dudit sieur de Launay Commatz sur laquelle estait deu trente et troys sols huit deniers monnoyes de rante.

Plus deux autres pièces de terre s'entretenantes, l'une appelées les *Villes Bellay*, l'autre le *petit clos de l'étang* maintenant réduites en une pièce et contient tout ensemble un journal et demi, joignant aux prédits chemins servant à aller de Launay-Commatz à la Boistardays et du Plessix-Balisson à la Couldrays, d'autre part du chemin conduisant du Bois Bellay au Pont Cornou et d'autre terre du sieur du Tertre sur laquelle estait deu de rante par deniers deux sols six deniers monnaie et par froment, en espèce mesure du Plessix-Balisson, [1] trois boisseaux quatre godets.

---

1. La mesure du Plessix-Balisson était pareille à la mesure de Lamballe ; elle valait 7 à 8 boisseaux à la mine et les trois mines font le tonneau et les 2 quarts font la perrée. (D'après le livre des mesures de Bretagne, cité par Geslin de Bourgogne (Anciens évêchés de Bretagne). La perrée de Lamballe contenait deux boisseaux ou 4 quarts et le quart se décomposait en 4 godets. Chaque perrée de Lamballe contenait décalitres 856 de froment.

Item. — Autre pièce de terre appelée les *clos de la Fontaine*, contenant un journal joignant aux deux chemins servant a aller du Bois Bellay au Pont Cornou et de Launay Commatz à la Boistardays, d'autre terre de la Boistardays, et d'autre terre du dit sieur de Tertre sur laquelle estait deu de rante par froment en espèces prédites, mesure du Plessix Balisson deux boisseaux huit godets et les onze godets vallen un boisseaux.

Finalement, trois pièces de terre lesquelles s'appellaient d'une les *Bas-Champs Minguey*, l'autre les *Bas-Champs Pérant*, la tierce, la *Lande au Prieur*, s'entretenantes et à présent réduites en une seule pièce contenant trois journaux joignant d'une part au chemin qui conduit du Pont Cornou à la Ville des Roches de toutes autres parts aux terres de la Boistardays, sur laquelle était deu de rante dix huit sols monnaie et sont toutes lesd situées aux environs du dit prieuré en la dite paroisse de Ploubalay du dit évesché de Saint-Malo.

SECONDEMENT

Le droit de justice basse et moyenne [1] qu'il a en la dite paroisse de Ploubalay sur les hommes et les officiers s'exerce au bourg du dit Ploubalay par son sénéchal, autres juges, procureur, greffier, sergent et notaires. En laquelle il y a un baillage en dépendant ayant cours en ladite paroisse de Ploubalay vallant par deniers payables par chacun an et terme de *Saint Gilles* quatre livres monnoie et par froment en espèce, mesure du Plessix-Balisson, payable au terme de Saint Michel et Septembre quarante cinq boisseaux neufs godets, item six chapons, une poule et demie, payables au terme de Noël ;

Desquels froment et deniers était deu sur les terres réu-

---

1. Les Justices seigneuriales se divisaient en hautes, moyennes et basses. D'après d'Argentré, le bas justicier doit connaître non seulement de tous droits et devoirs dus à cause du fief mais encore du bornage des chemins et de toutes actions personnelles, réelles et mixtes. Il reconnait de plus une juridiction de police plus large et enfin une juridiction gracieuse. (Giffard, Les justices seigneuriales en Bretagne, p. 110).

nies au dit prieuré qui sont : la *Ville à Lesné*, les *Villes Bellay*
le *Clos de l'Etang*, le *Clos de la Fontaine*, les *Bas-Champs*, la *Lande au Prieur*, cy devant confrontées, par froment six boisseaux et par deniers, cinquante quatre sols deux deniers monnoie.

Item. — Sont hommes et sujets dudit baillage :

Premier. — Escuyer Alain Desnos, sieur du Tertre Desnos à cause des terres de sa métairie de la Brisebarre, doit vingt-six boisseaux et neufs godets froment prédite mesure et par deniers, dix-huit sols monnoie. et par chapons cinq chapons et une poule et demie ;

Savoir :

Sur la pièce de la *Ville au Chef*, contenant deux journaux de terre joignant au chemin conduisant du Bois-Bellay au Pont-Cornou ; d'autre part, terre du dit sieur du Tertre et de deux parts, terre du sieur du Pont-Cornou il doit sept boisseaux froment et deux chapons ;

Item. — Sur trois pièces de terre se joignant, l'une appelée le *clos Olemur*, l'autre *les Villes* et la tierce le *clos Renaut* joignant auxdits chemins qui conduisent du Bois-Bellay au Pont-Cornou et du Plessix-Balisson à la Couldrays et d'une part terre du sieur du Pont-Cornou et d'autre, terre du dit prieuré de Saint-Cadreuc contenant cinq journaux de terre il doit six boisseaux de froment et trois sol monnoie, trois chapons et une poule et demie.

Item. — Sur deux pièces de terre s'entretenantes appelées ledit, *Clos maçon*, contenantes deux journaux et demy joignantes d'une part au chemin qui conduit de la Boistardais au Pont-Cornou et de deux parts terre dudit sieur dudit Pont-Cornou : il doit trois boisseaux un godet de froment.

Sur un petit clos appelé le *Closse Péan*, contenant six sillont joignant au chemin dernier déclaré et à celui par où l'on va de Saint-Cadreuc à la Boistardais, il doit deux sols six deniers monnoie ;

Sur une autre pièce de terre appelée les *petites Croix Bernard* contenant un journal joignante au chemin conduisant du Plessix-Balisson à la Boistardais d'autre. terre du sieur de la Sauldrais et d'autre terre à François Robert ; il doit trois boisseaux froment.

Item. — Sur une autre pièce de terre appelée la *Ville ès Guérins* contenante deux journaux joignante d'un côté au chemin qui va du Bois Bellay à la Boistardais, d'autre part terre du dit sieur de la Sauldrais et des deux parts terres du dit prieuré, il doit cinq boisseaux, huit godets de froment.

Item. — Sur une pièce de terre appelée le *Clos des Roches* contenante un journal joignant d'une part, terre Jean Barbou, d'autre terre à Olivier Josselin et d'autre terre dudit sieur du Tertre ; il doit deux boisseaux froment prédite mesure.

Item — Sur autre pièce de terre appelée le *Courtil Chopin* contenante demy journal joignante de toute part terre dudit prieuré ; il doit deux sols monnoie.

Aussi cet homme et sujet dudit baillage Demoiselle Jeanne de Launay, dame du Pont-Cornou.[1] femme d'écuyer George Ferrière, sieur de Trévalay et tient dudit baillage une pièce de terre appelée le Courtil de la Ville au Chef, contenante demy journal, joignante au dit chemin conduisant du Bois Bellay au Pont-Cornou, d'autre part terre du dit sieur du Tertre cy devant déclarée et de deux parts à autre terre dudit sieur du Pont-Cornou ; sur laquelle il doit six godets froments, prédite mesure.

Aussi sont hommes et sujets dudit baillage Jacquemine Guyot et les enfants d'Estiennette Guyot, sa sœur et de Guille Penban, à cause des trois pièces de terre qu'ils tiennent par indivis situées la paroisse dé en Créhen, évesché de Saint-Malo.

La première s'appelle le Champ au lièvre contenante demy journal joignante au chemin conduisant de la Ville Domy à Bénoguen, d'autre au chemin conduisant de la Ville Loudry au dit Bénoguen et d'autre, terre dudit Penban.

Les deux autres pièces se joignent et sont appelées le Clos

---

1. Les de Launay du Pont-Cornou étaient de la même famille que les de Launay Comats Le Pont-Cornou est un hameau situé à quelques 300 mètres de Saint-Cadreuc.

et Lande Lorenz, contenante ensemblement un journal, joi_
gnantes aux chemins derniers déclarés et d'autre, aux terres
de la dite Ville Domy.

Sur lesquels lesdits Guyot et hoirs doivent quatre boisseaux froment prédite mesure et trois cochets.

Aussi est sujet, noble homme Jean de Pontual, [1] sieur
de la Ville ès Fauchez, à cause de deux pièces de terre se
joignantes appelées les Clos de Livet, joignante d'une part
au ruisseau fluant du moulin Péan à Frombalon, d'autre au
chemin conduisant de la Ville Domy au moulin Guéras et -
contiennent lesdites deux pièces trois journaux. Sur lesquels est deu quatre boisseaux froment.

Plus il y a autres baillages s'étendant en la paroisse de
Tréméreuc vallant chacun an trante deux sols monnaie et
huit boisseaux froment duquel ledit Lefeubvre prieur dudit
prieuré ne jouist à cause que les titres et actes concernant
ledit baillage sont perdus par l'injure du temps et autrement.

Tiercement

Les rentes censives tant par deniers que froment.

Et premier : Messire *Françoisdu Breuil, sieur de Rais la Mal-
lerie* [2] y doit dix livres monnoie sur la disme de la Hailays
ayant cours en Ploubalay, borné d'un côté du ruisseau
fluent de moulins de la Crochais au pont à Met et d'autre
au grand chemin conduisant dud. pont Ance à la Ville-Bio-
ret et retourne audit ruisseau.

Item. — Honorable homme Raoul Guillier doit neufs godets froment mesure du Plessix-Balisson sur le clos des
Grandes Sauldrais, situé en la paroisse de Ploubalay contenant quatre journaux de terre, joignant d'une part au

---

1. Vieille famille de Saint-Lunaire, qui donna plusieurs conseillers au
Parlement et à la Cour des Comptes de Bretagne. Son nom serait une
contraction de Pont-Tudual et rappellerait l'apostolat de Saint-Tudual
ou Tugdual.

2. De l'importante famille des Du Breil (du Breuil de Pont-Briand, du
Breuil de Marzan, etc.) La Seigneurie de Rais, très ancienne, est en
Ploubalay.

chemin qui sert à aller au bourg de Ploubalay au Pont Mauvoisin, des autres parts, terre de la Roche-Gled.

Item. — Claude Taneret doit neufs godets froment, mesure du Plessix-Balisson sur une pièce de terre appelée le Clos Renaud et un jardin contenant sept sillons, le tout s'entretenant, situé en ladite paroisse de Ploubalay, joignant d'une part terre du sieur de la Tiquerays et d'autre part terre de Mathurin Grossetête.

Item. — Les hoirs de maistre Simon doivent neufs godets froment prédite mesure, sur une pièce de terre appelée le clos Gillette, contenant trois quarts de journal, située en ladite paroisse de Ploubalay au Pont Mauvoisin et d'autre part terre de la Roche-Glé.

Item. — Jean, Pierre, Guillemette, Françoise, Louise et Gillette Billetz doivent trois boisseaux froment, prédite mesure par indivis sur une pièce de terre située en lad. paroisse de Ploubalay appelée le Coignet contenant deux journaux joignante au cimetière dud. Ploubalay, un petit chemin entre deux, item au chemin qui conduit dudit Ploubalay au Pont Mauvoisin et d'autre terre du sieur Couaur.

Item. — Guillaume Michel doit deux boisseaux, froment prédite mesure sur un petit clos appelé le clos du Pont Mauvoisin où il y a emplacement de maison, contenante le tout demy journal, joignante audit chemin qui va dudit Pont Mauvoisin au Couvy de Ploubalay et d'autre part terre dudit sieur Couaura.

Il y a d'autres rentes censives en ladite paroisse, desquelles ledit prieur ne jouit point et ne sait qui les doit ni sur quoi.

Item. — En la paroisse de Trémesreuc il y a dix boisseaux de froment mesure de Dinan, rentes censives desquelles ledit Lefeubvre ne jouit aucunement et ne sait qui les doit ny sur quoi à cause que les titres et enseignements touchant yceux, sont perdus, soit par l'injure du temps ou autrement.

QUATRIESMEMENT

Six traits de dixmes dépendant dudit prieuré : le premier est appelé la disme de Saint-Cadreuc, le second, la disme d'entre-deux, lesquelles se joignent et se serrent à l'entour dudit prieuré en la paroisse de Ploubalay et se terminant par la partie vers le levant par le ruisseau fluant du moulin Poissian au moulin Ravillais, vers le septentrion, à la maison de la Martinais, comprenant la demeure d'icelle et les deux tiers des champs du Plessix pris par le chemin qui conduit à la Croix de la ville Glé jusqu'aux demeures de Gauvelays, et par l'occident, par le ruisseau fluent de Saint-Cadreuc à la Ville Glé pris par le bois de Launay Commats et vers l'occident par le chemin qui va dudit bois au Pont-Cornou, à la Ville Landry et Ville des Roches au perron de Langeray départant les paroisses de Ploubalay et Créhen, puis du dit perron aux vallées et pré qui séparent la dite paroisse de Ploubalay d'avec celles de Languenan revenant au premier ruisseau sous la demeure du dit lieu du bois Jan aux dit deux traits le dit Prieur prend les deux tiers qui vallent communément soixante boisseaux bled mesure de Dinan tiers froment tiers gros bled et tiers avoine grosse.

Le troisième traict a cours en la paroisse de Tréméreuc et borné de la partie nord du grand chemin départant les paroisses de Tréméreuc et de Pleurtuit, commencent au pont de la Crochais jusques au moulin de Richebois, situé aux landes de Pleurtuit et Trémesreuc et vers le levant par le chemin conduisant dudit moulin aux croix des de Beaufossés et vers le midy par le chemin conduisant des dites Croix au village de la Brosse et d'iceluy à la fontaine de la Ville Hervy par le ruisseau fluent d'icelle à l'étang de Trémesreuc et par l'occident par le ruisseau dudit étang fluent au dit pont de la Crochais et d'icelle disme le dit prieur recueillie les deux tiers valant aux ans dits communs, quatre vingt boisseaux bled, mesure de Dinan sçavoir : tiers de froment, tiers de paumelle et tiers avoine grosse.

Le quatriesme traict a cours en la paroisse de Pleslin au quartier de Trébéfour appelé disme de Trébéfour, est bordée vers le nord, du chemin divisant les paroisses de Pleslin et de Tréméreuc, vers l'orient par les landes de Plouer, vers le midy aux terres de la Penesays, de la Garandière, je clos de Bronc Latrepelle et la Nouc-Hamonnet, et vers l'occident par les landes appelées : les Avaries St-Eloys, et le chemin qui conduit du Roullouer aux Houssais, vallant au commun an, sept boisseaux froment mesure de Dinan et lesdits deux tiers dudit trait.

Les cinquième et sixième traicts ont cours en la paroisse de Pleurtuit.

L'un autour du village de Morvonnais, de quoy est appelé la disme de La Morvonnais et est borné vers le midy par les vallées départantes la paroisse de Pleurtuit d'avec celle de Langrolay, vers l'occident par le chemin conduisant de la rabine de Richebois à la Morvonnais, vers le septentrion par les landes de Pleurtuit et vers le levant par les terres de Saint-Buc ou led prieur prend les deux tiers qui valent commun an : seize boisseaux paumelle, mesure de Dinan.

L'autre se recueille au quartier de ladite paroisse de Pleurtuit vers les Salines, ainsi s'appelle la disme des Salins et est terminée du côté du septentrion, par le grand chemin de Saint-Malo depuis le Pont-Avel jusqu'à la Ville ès Monier et vers l'orient et midy, par le ruisseau fluent dudit village au Vaurouault, de là au pont ès Hommesnès, vers l'occident par le ruisseau fluent dudit pont ès Hommesnès au pont Avel et vaut commun an : huit boisseaux de, tiers froment, tiers seigle, et tiers paumelle, le tout mesure de Dinan.

Item sur tous lesdits six traits, outre lesdits grains, ledit prieur a droit des dimes de lin et de chanvre, valant commun an six livres ;

Il y a en outre un autre petit trait de disme dépendant dudit prieuré ayant cours en la paroisse de Langrolay valant un bouesseau six godets prédits mesure mais ledit prieur ne sait qui en jouit ni ou elle se cueille.

EN SUIVENT LES RENTES ET HÉRITAGES

aliénés du temporel dudit prieuré de Saint-Cadreuc aux aliénations que fesait faire le Roy du temporel de l'ecclésiastique.

Premier a été aliéné du baillage dépendant de la juridiction dudit prieuré et s'étendant en la paroisse de Ploubalay, huit boisseaux six godets froment, mesure du Plessix Balisson, huit sols un denier monnaie et un chapon de rente dus sur la maison de la Brise Barre et cinq journaux de terre y adjacents d'un côté au chemin qui conduit du Bois Bellay au Pont Cornou d'autre terre du sieur du Pont Cornou et d'autre terre du Sieur du Tertre Desnos appelée la Ville au chéf cy devant déclarés ;

Item, deux boisseaux onze godets de froment prédites mesures du Plessix-Balisson, rentes censives deues par Jean Bizard Sauldrais sur une pièce de terre appelée la Ville Martin ; située en la dite paroisse de Ploubalay, joignante d'une part au chemin qui conduit au bourg de Ploubalay à la Croix Josset et d'autre terre du sieur de la Villeridart.

Item, deux pièces de terre situées en la dite paroisse de Ploubalay, en la champagne des Gurais, l'une desquelles contient quatorze sillons quatre rais, joignant de toutes parts aux terres du sieur de Couaura.

L'autre contient quatorze sillons joignante d'un côté à une sante conduisant de Ploubalay à *Froubalay* et de toutes autres parts aux terres du dit sieur de Couaura.

Lesdites terres furent prisées quatre bousseaux neuf godets froment prédite mesure ;

Le tout desdites terres aliénées furent acquises par écuyer Alain Desnos, sieur du Tertre Desnos.

Pour raison du quel prieuré et choses ci-dessus déclarées ledit Feubvre, prieur confesse devoir faire dire chacne semaine chacun jour de Dimanche en la Chapelle dudit Saint-Cadreuc, une messe.

Item, en l'église paroissiale de Tr... ... ... e... par chacune semaine, l'une le jour du mercredy et l'autre le vendredi et autres prières et oraisons qu'il est tenu et obligé de faire pour sa dite Majesté de laquelle il tient prochement le dit prieuré en fief amorty sous sa dite juridiction de Rennes franche de rentes sauf obéissance, baille le présent adveu pour vray et absolu, protestant en cas d'omission y augmenter quand il lui viendra à connaissance et pour iceluy présenter à nos seigneurs de la chambre des Comptes de ce pays de Bretagne et en requérir acte ; ledit sieur prieur a institué son procureur spécial ; maistres Jean Blanchet quand a ce et pour ce que il a ainsi voulu et consenti promis et juré tenir sans y contrevenir à le faire il a été de son consentement et requête jugé et condamné par lesdits notaires avec le jugement et condamnation de notre dite cour dudit Nantes à laquelle le dit Le Feubvre s'est soumis sa personne et ses biens, y a prorogé de juridiction sous le sceau d'icelle apposé à ces présentes. Fait et con_ senty à Nantes au tablier de Guillet, notaire royal le septiè_ me jour de Novembre mil six cent huit avant midy dudit jour. Ainsi signé : Le Feubvre, Bonnet. notaire royal et Guillet, autre notaire royal.

Collationné à l'original dudit adveu par nous conseiller du Roy, secrétaire auditeur et commissaire soussigné : René Guillermo.

Et à la marge est écrit :

Nous consentons à la délivrance du présent à la charge de ne pouvoir s'en servir contre le Roy. Fait au parquet, ce 22 May 1693 de la Tullaye.

Collationné au collationné cy dessus par nous, écuier conseiller du Roy, Greffier en chef de la 2ᵘᵐᵉ des enquêtes, apparu et rendu avec le présent : Anneix de Jouvenel.

CHAPITRE V

Le Prieuré de Saint Cadreuc de 1608 à 1800

En reprenant l'énumération et l'analyse rapide de nos pièces, nous placerons ici en premier lieu un document qui ne porte pas de date, mais qui paraît un complément naturel de l'aveu ci dessus. Ce sont les limites du trait de dime de Saint Cadreuc mentionné plus haut. Etant donné sa briéveté, nous le citerons en entier.

17°. — La dime de Saint-Cadreuc a cours :

A commencer au chemin derrière de la Chapelle dudit lieu au ruisseau fluant dudit lieu à la Ville-Glée conduisant par le chemin à la Croix de la Ville-Glé et de la Croix au chemin conduisant à Saint-Cadreuc par le Ruisseau des clos de la Ville au Gallais. Jusqu'à la ruelle du clos Pirou à monter en droite ligne à un pommier restant de la rangée de pommiers prochaine du midy du domaine de la Martinais en ligne jusqu'au ruisseau fluant du Plessix-Balisson à (la) Rouillais ; laquelle dime remonte le même ruisseau au Moulin des Salles et de là, vient prendre le ruisseau jusqu'au chemin de la Mare Prod'homme jusqu'au perron de la Ville (Annachetel ?) prenant le chemin du bas dudit Clos de la Ville (Annachetel) par le chemin qui sépare Créhen d'avec Ploubalay jusqu'au champ (est) du Plessix prôche Benaguen séparant le Mesnil Champ (ez) jusqu'au bas par le chemin qui conduit au Bouillon séparant les paroisses de et conduit le chemin qui passe par derrière la maison dn Pont-Cornou jusqu'au dit chemin du ruisseau de derrière la Chapelle de Saint-Cadreuc inclusivement.

18° Du 21 Avril 1620. — Bail par Julien Lefeuvre, prieur de Saint-Cadreuc à Mathurin La Choue et Catherine Lefeuvre, sa femme, des métairies de la Brise-Bare et de Saint-Cadreuc.

19° Du 28 Avril 1625. — Bail par (Jules) Lefeuvre, prieur du prieuré de Saint-Cadreuc à Mathurin La Choue et Catherine Le Feuvre, sa femme, de la Métairie de Saint-Cadreuc.

20° Du 22 Octobre 1625. — Bail par Julien Lefeuvre, prieur de Saint-Cadreuc à Mathurin La Choue de la métairie de Brise-Bare.

21° Du 3 septembre 1627. — Bail par Julien Lefeuvre, prieur de Saint-Cadreuc, à Jan Lorphelin, demeurant à Plessix-Balisson de 4 pièces de terre, savoir : les petites Croix-Bernard, les Airettes et les 2 Clos au Masson ;

22° Du 22 Mars 1628. — Bail par Julien Lefeuvre, prieur de Saint-Cadreuc à Jean Collin de la paroisse de Ploubalay, demeurant au village de Saint-Cadreuc, du jardin de Saint-Cadreuc ;

23° Du 8 Mai 1650. — Bail par escuier Julien Le Feuvre,

sieur de Vauxsérant, de la métairie de Vauxsérant en Créhen, à Allain Boucour et Françoise Esnou, sa femme ;

24° Du 28 Août 1681. — Bail par Anne-Louise Descartes,
agissant pour son frère Louis Descartes, seigneur abbé de
Chavagne, prieur du prieuré de Saint-Cadreuc, à escuier
André de Pontual, sieur de la Ville-Marie, du prieuré de
Saint-Cadreuc ;

Anne-Louise Descartes et Louis Descartes étaient deux
des nombreux enfants de Joachim Descartes, Conseiller au
Parlement de Bretagne dont il mourut doyen vers 1680.
Ils étaient donc neveu et nièce du grand Descartes, étant
les enfants de son demi-frère. Anne-Louise épousa Ferré
sieur de la Ville-ès-Blanc, dont le fils devint aussi conseiller au Parlement de Rennes. La terre de Chavagne dont
Louis Descartes prend le nom était sise à Sucé (Loire-Infé-
rieure). Nous n'avons pu élucider à la suite de quel concours
de circonstances il devint prieur de Saint-Cadreuc. [1]

Les de Pontual tiraient leur nom d'une terre noble située
en la paroisse de Saint-Lunaire. Cette famille a donné plusieurs Conseillers au Parlement de Bretagne.

25° Du 1er Août 1687. — Bail par Anne-Louise Descartes,
dame de la Ville-ès-Blanc en Servignac, au nom de son frère Louis Descartes, seigneur abbé de Chavagne, prieur du
prieuré de Saint-Cadreuc, à André de Pontual sieur de la
Ville Marie, du prieuré de Saint-Cadreuc.

26° Du 31 Octobre 1692. — Déclaration par Jean Joseph
L'Escouflart procureur général de l'abbaye de Saint-Jacut,
au nom de François Lorin, religieux bénédictin, titulaire
du prieuré de Saint-Cadreuc, demeurant en l'abbaye de
Saint-Serge à Angers, pour obéir à l'avis du Conseil de S.
M. et à l'ordre du marquis de Nointel, conseiller du Roi et
commissaire départi.

27° Du 17 Mars 1693. — Bail par Joseph L'Escouflart,
procureur général de l'abbaye de Saint-Jacut, au nom de
François Lorin, prieur de Saint-Cadreuc, à André de Pontual, sieur de la Ville Marie et dame Perrine Le Boucher sa

---

1. Cf. Fred. Saulnier. Le Parlement de Bretagne p. 297.

femme, du prieuré de Saint-Cadreuc (fors la disme de Tréméreuc et celle de Pleslin).

28° Du 20 Mai 1693. — Copie de l'aveu du 7 Novembre 1608, délivrée à la requeste de François Lorin, prieur du prieuré de Saint-Cadreuc.

Cette pièce est celle que nous avons reproduite plus haut in extenso ; elle porte une mention manuscrite constatant qu'elle fut trouvée au décès de M. Mathurin Le Maignan, recteur de Ploubalay, le 12 Décembre 1727.

29° Du 2 Mai 1707. — Bail par Jean Joseph L'Escouflart, procureur de l'abbaye de Saint-Jacut au nom de Dom François Lorin, prieur du prieuré de Saint-Cadreuc, à André de Pontual, sieur de la Ville Marie, du prieuré de Saint-Cadreuc ;

30° Du 12 Juin 1713. — Bail par le prieur et les religieux de l'abbaye de Saint-Jacut, paroisse de N. D. de Landouart, comme ayant droit du prieur titulaire de Saint-Cadreuc, à Claude de Pontual. du prieuré de Saint-Cadreuc.

Relevons ici les noms des religieux « bailleurs capitulairement assemblés au son de la cloche » comme rapporte le notaire : Dom Nicolas Hougard, prieur ; dom Joseph Michel Benoît Jouanno, sous-prieur ; dom Hilaire Bouvet, procureur ; dom Gilles Daën, dom François Guihéry, dom François Tison, et dom Jean-Baptiste des Colmenies, tous religieux prêtres.

Claude de Pontual était le fils d'André de Pontual précédent preneur.

31° Des 2 et 5 Juin 1714. — Appel en garantie et décharge de rente indûment mentionnée comme due au prieuré de Saint-Cadreuc et contestée au dit prieuré par la seigneurie de la Touche à la Vache.

Yves Le Caillier, laboureur et Françoise Lebreton sa femme, demandeurs, avaient vendu à Adrien Peslerbe le clos du Four ou clos des Champs et les Petits-Brégeons. Le clos du Four relevait de la seigneurie de la Touche à la Vache et non du prieuré de Saint-Cadreuc.

32º Du 2 Septembre 1716. — Bail par le prieur et les religieux de l'abbaye de Saint-Jacut, comme procurateurs et ayant droit de François Lorin, prieur du prieuré de Saint-Cadreuc, à Adrien Peslerbe et Renée Lebreton, sa femme, demeurant à la Ville Desroches en Créhen, du prieuré de Saint-Cadreuc ;

> Présents : Dom Sébastien Trobert, prieur, dom Jacques Maumousseau, sous-prieur, dom René Roger, dom François Tizon, dom Jan Marie Benoist, dom Charles de Mondion, dom Jean Baptiste Le Villain.

33º Du 21 Juin 1721. — Acquisition par noble Corneille O' Murphy [1] demeurant au bourg et paroisse de Saint-Servan, évêché de Saint-Malo, de Jacques Touze et femme, de la pièce de terre des Platte-Guérais, en Ploubalay.

> Acte incomplet du début.

34º Du 2 Juillet 1721. — Procès-verbal de prise de possession de la pièce de terre des Platte-Guérais, en Ploubalay, par noble homme Corneille O'Murphy.

> « A été par ledit Murphy, cavé, besché, dans ladite pièce de terre et planté bois, circuite et environnée icelle de bout en bout et fait plusieurs signes et intersignes dénotant une vraie et valable possession. »

35º Du 15 Février 1722. — Procès-verbal de bannie et proclamation d'acquisition de la pièce de terre des Platte-Guérais en Ploubalay, acheté par noble homme Corneille O'Murphy.

> Les termes dans lesquels les détails de cette formalité en font un tableau pittoresque et vivant qui nous paraît mériter de prendre place ici :
>
> Soubsigné Alexis Gaillard, Sergent de la juridiction du Comté de Rais au siège du Plessix-Balisson et seigneurie de la Guérais. Je me suis expressement transporté de ma demeure susdite jusqu'au bourg et paroisse de Ploubalay ou étant arrivé... environ les

---

1. C'est la première fois que nous rencontrons le nom de cette famille à laquelle nous consacrerons, dans une seconde partie, une étude spéciale.

11 heures du matin de ce jour de dimanche 15 Février
1722, lorsque le peuple sortait en grand nombre et
affluence de l'Eglise paroissiale dudit lieu (Ploubalay)
je me suis exposé au pied de la croix du cimetière
d'icelle, le peuple assemblé et congrégé autour du
moy, au lieu ordinaire et accoutumé à faire pareilles
banyes et proclamations de justice, je, à haute et in-
telligible voix, fait lecture de mot à mot du contrat
ci-dessus et des autres pars parés entre honorable
homme Jacques Touze, vendeur des héritaiges y
mentionnés audit Sieur Murphy... etc...

36° Du 13 Avril 1722. — Procès-verbal constatant que les
formalités de bannnies requises pour la validité de l'acquisition de Corneille O'Murphy, ont été remplies.

37° Du 1er Mai 1722. — Quittance donnée par Jeanne Le-
tonturier veuve Touze du prix d'acquisition de la pièce des
Platte-Guérais dont le prix lui est versé par Jacquemine
Savary, épouse de Corneille O'Murphy.

38° Du 27 Mars 1723. — Bail par Dom René Becheveau,
prieur du monastère de Saint-Jacut, agissant pour Dom
François Lorin, prieur de Saint-Cadreuc, à Adrien Peslerbe, de la maison et métairie dudit prieuré de Saint-
Cadreuc.

Signeur aussi ce bail le Révérend P. Dom Benoist Jouno,
et Dom Anthonie Laloue, religieux, procureur de l'Abbaye.

39° Du 3 Avril 1725. — Procuration par François Lorin,
prestre religieux de l'Ordre de Saint Benoît, congrégation
de Sainte Marie, demeurant en l'Abbaye royale de Saint-
Aubin (d'Angers) titulaire du prieuré simple et régulier de
Saint-Cadreuc, à R. P. Dom Claude Chastel, religieux bénédictin, pour faire hommage, en la Cour des Comptes de
Bretagne à Nantes, du temporel dudit prieuré.

C'est pour satisfaire à cette formalité que fût délivré
l'extrait de l'aveu de 1608 reproduit plus haut.

40° Du 6 Septembre 1725. = Requête par Dom François
Lorin, prieur de Saint-Cadreuc pour appeler devant les
juges du présidial de Rennes, les héritiers d'Adrien Peslerbe qui avait outrepassé ses droits de fermier.

41° Du 12 Septembre 1731. — Assignation par les R. P. de l'Abbaye de Saint-Jacut comme procurateurs et ayant droits de Dom François Lorin, prieur du prieuré de Saint-Cadreuc, aux héritiers d'Adrien Peslerbe.

42° Du 30 Juillet 1731. — Bail par Dom Noël Lefresne, procurateur de l'Abbaye de Saint-Cadreuc, agissant pour Dom Jacques Placide Legaut, prieur de Saint-Cadreuc, à Pierre Savary, sieur de la Ville Collette, du prieuré de Saint-Cadreuc.

Ici une lacune de 60 ans dans notre documentation.

43° Du 4 mars 1791. — Procès-verbal d'adjudication de la métairie de Saint-Cadreuc, en Ploubalay, au sieur Pierre Guy Reslou, commissaire du roi à Dinan ;

> Cet acte nous donne la composition du Directoire de Dinan : Messieurs : Benjamin Delaunay, Carillet, Lemasson, membres ; Cormao, commissaire adjoint, François Marie Lohier, procureur syndic ; Pierre Laurent Vaugrena fils, secrétaire ;
>
> Nicolas Armez, prêtre, étant procureur général syndic du département des Côtes-du-Nord.

44° Du 3 Frimaire An XII. — Vente par Pierre Guy Reslou-Duguémen, homme de loi et Jane Augustine Denoual, son épouse ; à Philippe Briand et Claudine Chevalier, son épouse, demeurant à la Boulaye, commune de Languenan, de la maison et métairie de Saint-Cadreuc :

Le prix d'acquisition est stipulé payable en monnaie métallique et non en papier de quelque nature qu'il soit.

45° Du 22 Floréal An XII. — Vente par Philippe Briand et Claudine Chevalier, son épouse, de la terre de Saint-Cadreuc à Corneille Fleury O'Murphy, maire de la commune de Saint-Potan, demeurant à la Brousse-Briantais même commune.

> De ce contrat il ressort que led. Briand avait cédé antérieurement, à deux reprises différentes, certaines pièces de terre dépendant de la métairie. D'autre part, l'acquéreur avait réalisé sa terre de la Brousse-Briantais pour acheter Saint-Cadreuc.

Avec l'acte d'acquisition du 22 Floréal An XII se termine
la série des documents que nous nous proposions d'exami-
ner. A partir de cette époque la terre de Saint-Cadreuc n'a
cessé d'appartenir aux O'Murphy ou à leurs héritiers. Nous
rechercherons dans une seconde partie, l'origine de cette
famille noble, venue d'Irlande en France à la fin du XVIIe
siècle et nous retracerons son établissement dans le pays
malouin et la physionomie de quelques-uns de ses membres qui furent mêlés à la vie maritime et coloniale de la
Vieille France.

P. Lemée.

N'avons-nous pas omis de signaler dans les premières pages de ce
travail l'opinion de M. Kerviler sur saint Cadreuc ! — Après avoir
repoussé comme fabuleuse l'existence d'un saint Cadreuc, évêque
d'Aleth au VIIe siècle, il identifie notre passeur de l'Arguenon avec
saint Caradec. Ce nom, aux formes variables (Caradeuc, Caradoc, Ca-
raduc) signifierait « Aimé ou Aimable » d'après M. Loth, Amoureux »
d'après M. Levot.   M. Kerviler rapporte très fidèlement la légende et
sa variante et donne en particulier quelques détails sur le culte rendu à
saint Cadreuc à Donzy (Nièvre). Les reliques de notre saint y auraient
été transférées au XIIe siècle par des religieux fuyant devant les ar-
mées qui ravageaient leur pays (??) On célébrait le 16 décembre un
office de la translation de saint Caradeuc, commémorant le dépôt des
reliques à Bagneux, près Donzy (Nièvre). Une chapelle dite « Chapelle
du Saint Breton » y fut élevée. Le village voisin s'appela « Breton-
nière » et une fontaine toute proche porte le nom de « Fontaine de
Saint Caradec ».
   (Kerviler : Bio-bibliographie, fascicule 19e, p. 402).